AF397869

Lumessa kuultava valo

Riitta Toivonoja

BoD – Books on Demand

Kirjan tuotolla tuetaan FinFami ry:n toimintaa.

Graafinen suunnittelu: PunaMusta Oy, Sisältö- ja suunnittelupalvelut

Kannen kuva: Ulla Vorpahl

© 2021 Riitta Toivonoja

Kustantaja: BoD – Books on Demand, Helsinki, Suomi

Valmistaja: BoD – Books on Demand, Norderstedt, Saksa

ISBN 978-952-80-2645-7

Kuolema ojentaa hyasintin

Prologi

Kuolema luimisteli piparkakkupurkkien takana
piiloutui oranssiin teemyssyyn
Vähitellen se tottui talon tavoille
oli kuin kotonaan
alkoi sekaantua kaikkeen

Aamuisin se kolisteli
nokisia hellanrinkejä
kohensi tulta tottuneesti hiilikoukulla
pyöritti rätisevää kahvimyllyä ja hämmenteli puuroa

Iltapäivin Kuolema kilisytti sukkapuikkoja
paukutti kangaspuita
Välillä se kehräsi rukilla kilpaa kissan kanssa
asettui sitten päiväunille leperekoriin
korvissaan lasten lukuläksyn tavaus

Illalla se sytytteli savuavia öljylamppuja
sääteli kohisevaa kaasulyhtyä
päivän päätteeksi se hyräili lempeällä äänellä
tuttuja virsiä

Välillä Kuolema matkusti keuhkotautiparantolaan
lähetti sieltä viestejään
Se palasi sopivasti
pikkusiskon ristiäisjuhliin
Ei kaihtanut mustapukuista pappia
olihan virkatoveri

Totuimme siihen kuin perheenjäseneen
jolle katetaan kultaraitainen lautanen
keittiönpöytään
Sitten se Juudas suuteli isää
joulupäivänä kesken juhla-aterian
antoi nitron kun kaikki oli ohi

Äiti säästi, säästi
että lapsilla paremmin
Elokuussa ostettiin talo
järven rannalta
Kuolema kirjoitti ensimmäisenä
nimensä kauppakirjaan
joulukuussa lopullinen sinetti

Keskeneräinen talo
   jäätyneellä rannalla
Kylmyyttä helisee ilma
   soi tiuku, soi tiuku

Yksinäinen kynttilä palelee
   kuusen oksalla

Koko talvi kantoi kuolemaa
    aavistuksista raskaana

Navettalyhdyn valossa
    saapui mustissaan
        asettui kahisevien olkien sekaan

Kieppuivat tähdet
    pahansuovat kultakiekot
        taivaan mustuudessa
Halkesi linnunrata
    ei palannut koskaan ennalleen
Joutsen ristiinnaulittiin yöhön
    Orion jäätyi taivaanlakeen

Sinä jouluna lapsi
    syntyi aikuiseksi
        varoittamatta
            lehmän heinien sekaan

Vaelsivat tietäjät
    vieraista kaupungeista
        ojensivat hyasinttikäärönsä

Antoivat osansa
    avattuun hautaan

Ikkunalaudoilla kukkivat joulun kaktukset
leivinuunissa hehkuvien hiilten lämpö
katossa kohisee kaasulyhty

Valokehässä viisi lasta
Harras hiljaisuus
    avattujen kirjojen ääressä

Äkisti äidin ääni
    Isä lähtee nyt

Taivaalla enkelit ylistävät
        Jumalan kunniaa korkeuksissa

Revontulet leimahtivat
    liekkeihin
Tähdet helisivät, helisivät
    putosivat jääsiruina kuusten oksille

Kuolema satunnainen kulkija
    kukitti ikkunalasit
        hipaisi ohimennen

Kohta kilahtivat kaktuksen jäätyneet nuput

Tapahtui niinä päivinä
    että Kuolema tuli perimään veronsa
Se kietoi isän käärinliinoihin
    pani arkkuun makaamaan
Kuolema suitsutti ympärilleen outoa tuoksua
    puhalsi kuusenkynttilät sammuksiin
Lähtiessään se nosti kohteliaasti huppua
    ja toivotti Hyvää Joulun jatkoa

Hautajaispäivän aamuna
    soperrus jäiseltä lattialta
Anna meille ylösnousemus ja isälle elämä

Viimeinen toivo
    herkeämätön tuijotus arkunkanteen
        Aukene, aukene

Maasta sinä olet tullut, maaksi sinun pitää

Raskaina jysähtelevät multapaakut
    usko hautautuu syvälle routaiseen maahan

Epilogi

Kuolema
viileä ja välinpitämätön
kantoi jokavuotisen hyasinttinsä keittiön pöydälle
jäi pyytämättä jouluvieraaksi

Aloin kyllästyä sen röyhkeyteen
Asetin omat kukkani ikkunalle
Lopulta Kuolema luovutti
    ja lakkasi käymästä

Syksyllä istutin sipulit
    jäätyvään maahan
        kevään mullasta versoi uusi elämä

Missä on otasi, Kuolema,
Kuolema, missä on voittosi?

Aurinkoa
vain puolikas

Juna kuljetti kauas kotoa
    hylkäsi lapsen
        unohti matkalle

Yhä unissa kulkevat junat
    jättävät yksin
        tervaisille ratapölkyille
            kauas valaistuista asemista

Lapsuuden painajaisessa
    mustanpuhuva vesiratas
        uhkaa tulvillaan
vei sanat, otti kielen
    ainoan isänmaan, ainoan kodin

Jäljelle jäi
    vajavainen puhe
        kapea polku ihmisen luo

Kaikki on hyvin, äiti

Päiviltä salattu kyynel
    yöllä itkuiset kasvot
        poskissa likaraidat

Kaikki on hyvin, äiti

Talven kuukausiin jäätyy mieli
    kovettuu sydämen iho
        loppuu kipu

Kaikki on hyvin, äiti

Ei enää niin ikävä isää

Itku tukehtuu kurkkuun
    hampaat puristuvat yhteen
pimeä peittää kyyneleet

Hauraat tähdet leijuvat yössä
    laskeutuvat kiteinä pakkaslumelle
Kylmettyy taivas
    kylmettyy mieli

Katseessa unet ja haave
    kädessä valkolehdokki
        yöhön tuoksuva kukka

Tuskin muistan
    silmiesi, hiustesi väriä
äänesi sointi on kadonnut

Elämäsi tuulta ja vettä
    alituista lähtöä

Jäi unelmiesi muisto

Keuhkotautisen lapsi
keuhkotautisen lapsi

Lentävät särmikkäät kivet
    purevat pikkupetojen hampaat
        naskalinterävät hampaat

Elämä jatkuu
    kovettaa ihon

Arpia tuskin huomaa

Suru kätkeytyy yön uniin
    päivä ei kyyneliä näe
Kaikki on hyvin
    aurinkoa vain puolikas

Olen niin uupunut
että ilokin on taakka

Mustalla joella yksitoista joutsenta
Valkea on lumen hiljaisuus
Kevät ei tullut toukokuussa

Päivä kadotti
    aurinkojensa ilon
pudotti kultaiset terälehtensä
    sulki kiiltävät viulunsa
        mustiin koteloihin
käpertyi varjojen sisään

Talon sammaloitunut suru
harmaantuva yksinäisyys
umpeutuvien polkujen keskellä

Turhaan hehkuvat pihapihlajan
kirpeät marjat

Jäivät kimmeltävät kulleroniityt
ruusujen silkkiset unet
Ei pesi pääskynen räystään alla
vaiennut sirkkojen ääni
Tuomen tummentuvien marjojen alla
nurmettuvat polut

Kuu piiloutuu pilveen
    tähtien uupumus peittää maan
        valo on kuollut

Mikään ei kosketa
    kasvoillani itkuinen tuuli

Rinnassa pimeä jääaurinko
    rosoinen ja kulunut

Aika jäädytti lämmön
    himmensi valon

Sylissä viluiset päivät
    kadonnut illanrusko

Mustien perhosten vuonna
mieli ajelehtii
pilvenkaltainen
Ajatukset hajoavat tuuliin
tavoittavat tyhjää
Vaellan yksin
palelevan tunteen lävitse

Olen niin uupunut
    että ilokin on taakka
Elämä virtaa kaukana
    en jaksa kurottua sitä kohti
        en tarttua ojennettuun käteen

Ilmasta katosi auringon hellyys
  kohmettuivat ruohojen leikit
    vaikeni viluinen tuuli
Raskaina kohoavat pilvet metsien yllä
  päiväni talvettuvat valkoisiksi

Suon ruskeanpunainen ääni
    täynnä rahkasammalen kosteutta
Kurkien ikiaikainen paluulento
    pesintämättäiden odotus
Kuovin vihlova huuto kevätyössä

Sydän on kyynelistä märkä

Kasvoton ahdistus

Viulu, viulu
    soi auki sydäntä
säie säikeeltä menneen kudosta

Ohuen ihon kipeään
    soi viulu
Halkaistu sydän
    haljennut aukeama tummin merkein

Yö leikkaa sirpeillä
    kuun palasiksi
pudottaa kauhistuneet tähdet
        taivaalta
Murentuva mieli ei näe
    aamun haurasta valoa
        säteiden punertamaa horisonttia

Rakastan tyhjyyttä
    sysimustaa pimeyttä
        kuutonta yötä

Se soi
kun kaikki on mennyt
    se sävel enää tarpeen

Kasvoton ahdistus
suun huuto
En uskalla onnistua
en epäonnistua

Kuihtuvat unet
   hiljenee tuuli
särkyy helisten tuleva päivä

Katoaa taivaanrannalta valonkajo

Lintu ei löytänyt pesää
    ei paikkaa asettua
Hämärtyneet silmät tuskin näkevät
    uupuneena laskeutuu luodolle
        keskelle ulappaa

Valittaa hetken
    ja painaa päänsä siiven suojaan

Tänä talvikautena
    näin harvoin auringon
        tähtiä tuskin koskaan

Ainoat loistoni pimeydessä

Ajopuu

Kuka sanoo sinulle
    huomenna kaikki on paremmin
antaa käsiisi
    toivon ohuet rihmat
kääntää kasvosi valoon

Kun tuuli hiljenee
    ja portti sulkeutuu
kuka silloin sanoo sinulle
    huomenna kaikki on paremmin

Minä näin
    kun sydämesi jäätyi
        muuttui palelevaksi ihoksi

Ei sinua voinut koskettaa
käden lämpö olisi sulattanut
        hauraat hileet

Sitä et tahtonut

Ei sinuun voinut koskea
        sinun kimalteinen lasi-ihosi

Sinun mekkosi kukki kuusia
    oksat alaspäin
        varjoja täynnä
Kerran ne kimmelsivät valoa
        tuikkivat pieniä timantteja

Koitti aamu
    jona aurinko ei enää noussut

Ajopuu vettynein silmin
    suu märkää sammalta
        korvissa pieniä simpukoita

Ainoa suunta pohjamutaan
    syvälle, syvälle
        kirkkaiden vesien alle

Syyskuun pimeä
   häilähtelevät lamppujen etsivät valot

Tuulastusveneiden tuhdoilla
   vakavat miehet
turhaan sinkoavat atraimensa
   heittävät verkkonsa

Syvällä, syvällä mustien vetten alla
   uupuneen on hyvä
      levätä

Tuulee lunta ja pimeää

Tuulee lunta ja pimeää
    unta ajasta
        jolloin aamut eroavat öistä
Lumen läpi pilkistävät kukat
        avoimina valolle
            kaikkien auringolle

Mieli kihelmöi
    rakoilla sydämen iho

jääsirujen polte

Ajatukset karkaavat railoina
        mustiin vesiin

Horisontissa lepattavat valkoiset purjeet

Suo oli rannaton
    silmäkkeet houkuttivat mustina
Nevalla huojui niittyvillan suru
    sarat lakastuivat kuloksi
Hanhien valitus täytti ilman
    itkivät rimmen kurjet

Pimeät kesät väistyivät
    palasi valo
iholle jäi suopursun viileä tuoksu

Yö pesiytyi syliini
	alkoi uneksia
säröisen kuun yli kulkevista pilvistä
	punaisista tähdistä

Se käpertyi joutsenten mustiin huutoihin
	rimpisoiden viluun
		karpaloiden kohmeeseen

Lopulta yö havahtui unistaan
	ja jätti minut

Huolet sokaisivat silmät
jättivät kapeat polut
selvitä päivästä päivään

Aina ei ollut pitkospuita

Vuodet levensivät polkuja
avasivat uusia teitä
antoivat jalkojen alle lujan maan

Vaikka päivät ovat niin hämäriä
        että varjot katoavat
en suostu luovuttamaan
Käännän katseeni kevääseen
        ja näen miten sulava lumi iloitsee

Tuuli sammutti yön

Tunnelissa tuikkivat valot
    kiiltomatojen vihervät korut
        välkkyvät voimaa jatkaa

Portilla häikäisee taivaan sini
    huimaa avaruus

Maailma keinuu, keinuu

    ja aurinko

Eräänä aamuna rakastin maailmaa
    ilo kukki minussa
        tulenkipinät ja punaiset sydämet

Satoi tuulta ja räntää
    kiepuin
        kultaisten lehtien virrassa

Olin löytänyt kadotetun

Katse tavoittaa
	hangen keskeltä lumikellon
		mustasta maasta pilkistävän valon

Yllättävä ihme
	riemullinen välähdys
Talvi sulaa kevääksi
	kuukausia etuajassa
Linnut palaavat etelästä

Lokin siipien lumi laulaa iloa
    piirtää mieleen toivon
palauttaa uskon päivään
    jona usva ei enää nouse
        eivät huuda pahaenteiset kurjet

Tuuli sammutti yön
    puhalsi lohdutusta aristavalle iholle
Se avasi mahdollisuuden kuulla
    antoi uudet korvat

Linnut laulavat taas heleään
    mahlaisessa tuomipuussa

Kadut tanssivat kanssani
    askelten alla säröilee asfaltti
Murtumissa versoo ruoho
    viheriöivät hennot oraat
käenrieskan kasvoilla keltainen ihmetys

Kadut tanssivat, tanssivat

Talvi pirstoi jääsydämensä
    antoi verensä kevääntyä
Valo pani kurkottamaan
    uuteen suuntaan
sekoitti urautuvat ajatukset

Sen mielen valtasivat
    mullassa pilkottavat lumikellot
        ensimmäisten kiurujen laulu

Talvi alkoi tanssia pyörteisenä purona
ja katosi lopulta virran kuohuihin

Taivaankannen harmaa raukeus
jään itkuiset kasvot

    Kevät tulee

Suon soidinhuuto
    heltyy kuusen pihkasydän
       oksille puhkeavat heleät kerkät

    Maisemassa ilon kirkkaus

Huhtikuun viirukas järvi
    lumen hajoavat likapitsit
Tuulen raju ilo
    paljaissa oksistoissa

Kohta kuusi viettää häitään
    kukkii punaiseksi morsiusseppeleensä

Rannoilla helisevät naurut
    lapset tanssivat
        hiuksillaan rentukan kulta

Tuuli satoi
    valkeita kukkia
        keveitä perhosia

Sai mielen tuoksumaan kevättä
        horsman punervia versoja
            kosteaa multaa

Lumessa kuultava valo

En näe lähelle
    en kauas
silti lasia kirkkaammin
    syvälle pimeääni

Särkyneen minän peilikuva
    uskallan taas kohdata katseeni

Iltapäivän aurinko
    sembramäntyjen latvuksissa
Unisina kiiltävät neulaset
    valon pihkainen tuoksu
        painuu syvälle huokosiin

Tummanvihreinä huojuvat sembrat

Luodon kivinen yksinäisyys
kuollut mänty taivasta vasten

Äänetön meri

Hiljainen paju lumessa
oksilla aurinko

Tuuli on vaiennut

Sammaleinen kivi
  ylläni kuulas taivas

Rauhallisina kulkevat pilvet

Tämän maan lämpö
   lumessa kuultava valo
      ikkunan kukkiva jää
Hellyyttä se
   mikä jätetään sanomatta
katkaistun lauseen loppu
      vaiettu kysymys

Hiljaisuus maisemassa
   väreinä
      musta, valkea, harmaa

Syvänvihreä enintä mitä meillä on

Sisällys